Über
Hans Scharoun

Hinweise auf Ideen und Weg
von
Klaus-Jakob Thiele

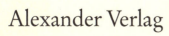
Alexander Verlag Berlin

Vortrag, nicht gehalten
vor dem Bund Deutscher Architekten
vor dem Werkbund und dem
Architekten- und Ingenieur-Verein zu Berlin
am 25. November 1986
zur 14. Wiederkehr des Todestages von Hans Scharoun
Ehrenbürger von Berlin

Meine Damen und Herren,

über das organische Bauen wird zur Zeit wenig gesprochen. Mikrophone, Kameras und der Medienapparat dahinter zum Transport der Gespräche in die Öffentlichkeit sind von Leuten ergriffen, die sich über andere Fragen streiten als den Gegensatz von Geometrie und Organik oder geistige Voraussetzungen eines neuen Bauens.

Wir erinnern uns an die Zeit nach dem zweiten Weltkrieg, und nun hören wir, das Bauen sei eine Sache, Politik eine andere. 1933 bis 1945 sei der größte Architekt dieses Jahrhunderts in Deutschland am Werk gewesen, gleichzeitig beauftragt mit dem größten Bildhauer, der jüngst erst – nach Themenwechsel – die größte Hochspringerin modellierte.

Ich erinnere mich an die heroischen Zeiten, auch daran, gehört zu haben, der Führer sei der größte Feldherr aller Zeiten, abgekürzt Gröfaz, wie sich unsere Heimat damals Großdeutschland nennen ließ, und der Streit dauert an, frei nach Wilhelm Busch, für welchen sie besonders schwärmt, wenn er wiederaufgewärmt ... Obwohl vom Medienstreit schon ganz ergriffen, bleiben wir weiterhin gewarnt mit Kurt Schwitters seit seiner berühmten Kritik über die Weißenhofsiedlung in Stuttgart vor 60 Jahren, – und Schwitters war eine Art Landsmann von Busch –, gewarnt mit dem Rat seiner Mutter, »laß dich nicht verblüffen«.

Noch früher soll schon Paul Valéry bedauert haben, nicht noch mehr fiktive Gespräche geschrieben zu haben, um Claude Debussy Gelegenheiten zu weiteren Adaptionen zu schaffen. Voller Bosheit hält er ihm die eigenen kompositionskritischen Sottisen vor, – würden beide lachen über die Perfektion und Skrupellosigkeit unserer zeitgenössischen Zitatenkünstler im Fach der »gefrorenen Musik«, wie die Kunst, der unsere Vereinigungen besonders verpflichtet sind, häufig genannt wird?

In D..., aber nicht der weltweit betrachteten Serienfiktion der gleichnamigen Stadt, wäre beinahe eine Dublette der Berliner Philharmonie entstanden, – die »Blaupausen« waren schon angefordert. Schon Claude Debussy nannte die Berliner Philharmoniker indessen ein Orchester, welches »ernsthaft Musik macht«.

Bei unserem Versuch einer ernsthaften Erinnerung an Hans Scharoun, als Architekt der Berliner Philharmonie weltberühmt, drängt sich im Zusammenhang mit Komposition und unserer Zeit eine weitere Erinnerung an den bereits zitierten Claude Debussy als Musikkritiker samt seiner Bemerkung über Modest Mussorgskij (1839–1881) auf, seine, – also Mussorgskijs –, Musik sei in Frankreich wenig bekannt. Und Mussorgskij ist ja bekanntlich der Erfinder der neuen Musik und Russe. Leider müsse man hinzufügen, fährt Debussy fort, daß es ihm in Rußland nicht besser geht. Das war also um die vorige Jahrhundertwende und in Paris.

In Berlin und kurz vor der nächsten Jahrtausendwende, – etwas bescheidener werden zunächst 750 Jahre gefeiert –, sind Kompositionen rund um die Philharmonie in die Hand von Leuten geraten, um nicht zu sagen, sie seien davon ergriffen (obwohl sie im allgemeinen andere Auskunft geben), die über Hans Scharoun und seine Musik leider auch nicht viel wissen, vielleicht muß – in Anlehnung an den zitierten Komponisten und Kompositionskritiker – hinzugefügt werden, daß es dem Komponisten Scharoun, obwohl er Ehrenbürger ist, – in Berlin nicht besser geht.

Meine Damen und Herren,

zu Scharouns 70. Geburtstag im Jahr 1963 schrieb ich für die nur in den Niederlanden gelesene Zeitschrift »bouwkundig weekblad« eine Anthologie. Sie ist ebenso vergriffen wie Peter Pfankuchs Buch über Scharoun aus dem Jahr 1974, welches als Band 10 der Schriftenreihe der Akademie der Künste zwei Jahre nach Scharouns Tod erschienen war. Mehrere Autoren ließen in England etwas über

Scharoun erscheinen, – alles vergriffen. Ein bekannter deutscher Verlag hielt es für angebracht, seine Lexikon-Stichworte über Scharoun und Städtebau mit einer Streichergruppe zu spielen. Der Städtebau blieb ganz auf der Strecke, Scharoun halb. Schon Heinrich Lauterbach, der wie Schwitters mit Scharoun befreundet war, gelang es nicht, Herrn J. J. von dem Hugo Härings Denken ganz entgegengesetzten Begriff der »modernen Architektur« (wenigstens im Titel des postum erscheinenden Buches mit Arbeiten Härings) abzubringen. Mein Versuch anläßlich der Scharoun-Ausstellung in der Akademie der Künste 1967 wurde von »au jourd'hui« – eine inzwischen eingestellte Pariser Zeitschrift – ungefragt auf zwei Fünftel gebracht, auch die bislang veröffentlichten Werkverzeichnisse sind unvollständig.

»Die technische Denkweise verwandelt das menschliche Zusammenleben zu einem erheblichen Teil in eine manipulierbare Sache.«
Dieser Satz Scharouns aus den Notizen, die er dem Autor dieser Zeilen für die genannte Anthologieerweiterung für »au jourd'hui« herausgesucht und zur Verfügung gestellt hatte, läßt sich ergänzen mit Ortegas Bemerkung:

»Das wahre Gesicht der Dinge erschließt sich uns nur, wenn wir einen ganz bestimmten Blickpunkt einnehmen, und wer zu ihm nicht zu gelangen vermag, der soll nicht meinen, er müsse seine eigene unklare Wahrnehmung an die Stelle der Wirklichkeit setzen.«

Daß der Städtebau nicht nur in Veröffentlichungen unklaren Wahrnehmungen zum Opfer fällt, hat uns hier in Berlin rund um die Philharmonie Hans Scharouns bewegt. Zusammen mit Ulrich Conrads und Günther Kühne erst gegen, dann mit Werner Düttmanns Anteilnahme durfte der Autor als Kritiker beitragen, die geplante Staatsbibliothek durch Hans Scharouns Entwurf in ein Ensemble einzubeziehen, dessen Komposition nun aus dem zentralen Bereich der Kunst und Wissenschaft ohne weiteres in den der Politik verlagert werden soll. Und es bleibt fraglich, ob nach ihrem Dazwischentreten Politik an dieser Stelle noch als Kunst des Möglichen gelten wird.

Goya sprach von der Malerei als der Kunst der Gesten. Wer in Städtebau und Architektur – nunmehr gewarnt – statt Worte und Sätze Gebärden und Gesten sieht, sei ebenfalls gewarnt:

»Jegliche Gebärde bedarf der Auslegung. Denn an und für sich kann sich in ihr ebensogut ein Charakterdefekt wie eine Tugend ankündigen. Wenn wir jemanden seine beiden Hände, Fläche gegen Fläche, erheben sehen, so wissen wir nicht, ob er ein Gebet verrichten oder ins Wasser springen will: beiden Unternehmungen geht die nämliche Gebärde voraus« (Ortega).

Die folgenden »Hinweise auf Ideen und Weg« enthalten in rot die erwähnten Scharoun-Zitate.

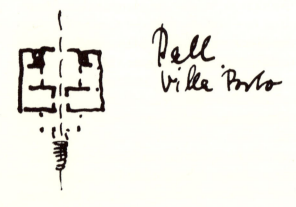

I

1925 berief Oskar Moll, – nach Hans Poelzig und August Endell Direktor der Kunstschule in Breslau –, Hans Scharoun als Professor und Leiter der Werkstätten an die Akademie. Die Breslauer Akademie hatte damals internationalen Ruf. Eine von Kassak Lajos auf ungarisch und deutsch herausgegebene Zeitschrift »Ma« nannte 1925 Poelzig und Max Berg, Erbauer der Jahrhunderthalle und bis 1913 Stadtbaurat in Breslau, als Initiatoren und Schöpfer eines Kreises, »aus dem in erweiterter Form eine Fülle junger Architekten mit moderner Lebensanschauung hervorgegangen ist«.

Das Gespräch der »Moderne« wurde von europäischen Metropolen geführt. Dort gelang es – wie so oft in der Geschichte – die Geister zu versammeln und Geist zu entfalten. Man schrieb in Berlin zur Berufung des erst dreißigjährigen Scharoun: »Damit hat einer der phantasiestärksten, gänzlich modernen Baukünstler Deutschlands eine Wirkungsstätte gefunden, an der er mit besonderer Aussicht auf Erfolg wird wirken können.«

30 Jahre später wird Scharoun, – wie man nun sagen kann, einer der phantasiestärksten, gänzlich modernen Baukünstler der Welt –, Präsident der Akademie der Künste zu Berlin. Die Neubelebung der vor dem Reich Hitlers als Preußische Akademie weltweit bekannten Institution zehn Jahre nach Kriegsende im »größten Trümmerhaufen Europas« hätte die Kräfte eines anderen vielleicht aufgezehrt. Scharoun aber ist bereits Präsident, als er den Wettbewerb zum Neubau eines Konzerthauses für das Berliner Philharmonische Orchester gewinnt. Und er ist längst wiedergewählt, als die Odyssee der Entwurfsblätter schließlich doch nicht im Landwehrkanal endet, sondern nebenan, am südlichen Tiergartenrand 1960 zu einem Bauwerk führt, dessen kurze Bauzeit selbst (bis 1963) nur mit olympischen Maßstäben vergleichbar ist. Heute, nachdem die große Scharoun-Ausstellung in der Akademie soeben ihre Pforten schloß, ist Scharoun bereits zum dritten Mal im Präsidentenamt, während das Œuvre-Verzeichnis der Ausstellung die Werknummern 181 bis 215 (davon allein 17 Bauaufträge) nennt...

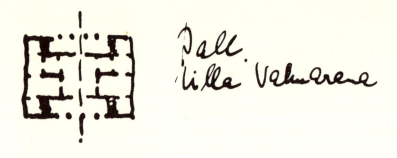

II

Ein solches Werk ist in keiner »Architekturtheorie« unterzubringen. Es ist Ausdruck des Lebens selbst. Aber vergeblich schon der Versuch, etwa nur das Leben zwischen 1925 und 1955 zu schildern. Scharoun ist Architekt, Städtebauer, Lehrer, Stadtbaurat, Professor, Präsident, Bürger; – hat Arbeitsverbot, wird bekämpft, wird verehrt, lebt.

Am besten hierzu sein eigener Hinweis 1967:

»Zunächst, – da die Entwicklung von den Architekten ausging, von der künstlerischen Situation, die in ihrem Erscheinungsbild unhaltbar, ja sogar untragbar schien, – handelte es sich um Planung der Erscheinungsformen, um ›Stadtbaukunst‹. Dann bemühte man sich, unter Hinzuziehung von Spezialisten wie Soziologen etc., um die durch Natur und Gesellschaft gegebenen Relationen, um eine Korrektur vom Kern her. Sozial-ökonomische Handlungszusammenhänge wurden gleichfalls einbezogen… Ferner hatten wir uns mit der These, die Martin Wagner aufgestellt hatte, auseinanderzusetzen, mit der These der Polarität zwischen Wirtschaftsbau und Lebensbau – und schließlich mit der lebendigen Tradition, wie sie uns aus der Gestaltung der Bauwerke und der flächenhaften, historisch wertvollen Straßenstruktur ansprach…«

Unlösbar ist im Denken und Werk Scharouns die Wechselwirkung von Praxis und Theorie, von Erlebtem und Vorgestelltem. In der Verleihungsurkunde des Fritz-Schumacher-Preises der Universität Hamburg an Scharoun heißt es 1954:

»Er hat an der Linie seines Schaffens überzeugungstreu auch in Zeiten festgehalten, als er Maßregelungen autoritärer Staatssysteme dafür erleiden mußte. So hat er durch seine Persönlichkeit, seine Lehre und sein Wirken die Stadtplanung und Architektur unserer Zeit bedeutend angeregt und befruchtet selbst dort, wo sein Werk nicht nur Zustimmung gefunden, sondern Widerspruch entzündet hat.«

Und Scharoun genießt – wohl nicht nur in den Augen seiner früheren Studenten – den Vorzug, daß seine Worte nicht durch seine Werke widerlegt werden.

III

Scharoun studierte ab 1912 an der Berliner Technischen Hochschule (heute Technische Universität) und war bereits im ersten Weltkrieg am Wiederaufbau des zerstörten Ostpreußen beteiligt. Dort lernte er Bruno Taut kennen und nahm Beziehungen auf zu dem Kreis junger Architekten, der um Taut in Berlin als »die gläserne Kette« versammelt war. Später ging daraus auch die Architektenvereinigung »Der Ring« hervor, als literarisches Dokument ihrer Ideen die Schriftenreihe »Frühlicht«.

Unter den vielfältigen geistigen Kräften wirkte Van de Velde (1863 bis 1957), der von ihm ins Leben gerufene Werkbund hatte neue Gedanken und bald auch bauliche Folgen: So baute Scharoun auf der Werkbundsiedlung in Stuttgart 1927 ein Einfamilienhaus, auf der Werkbundsiedlung in Breslau 1929 ein Wohnheim.

»Die Breslauer Ausstellung ist ein eindringliches Bekenntnis zu den Prinzipien des modernen Bauens. Zehn Werkbund-Architekten schufen in einer Art moralischen Wettbewerbs ein ganz neuartiges Gebilde, neuartig ebensosehr in seinen baulichen Elementen wie in seiner formalen Idee.« So die zeitgenössische Meinung des »Le Populaire Paris«.

Die Stuttgarter Ausstellung ist ja nicht zuletzt dadurch allgemein auch heute bekannt, daß sie in Le Corbusiers »Œuvres complètes« nicht vergessen wurde.

Abgesehen von den auch dem großen Publikum zugänglichen Ereignissen trat Scharoun schon von der Schulbank an durch eine nicht abreißende Reihe von Wettbewerbsarbeiten hervor. Seine Arbeiten waren bereits Anfang der Zwanziger Jahre allgemeiner Diskussionsstoff, – und sie betrafen auch alle Themen der Zeit: Etwa der städtebauliche Vorschlag zur Verbindung von Land und Meer für seine Heimatstadt Bremen, den er als Oberschüler dem Magistrat einreichte, oder der präfabrizierte Montagebau für die »Deutsche Gartenbau- und Gewerbeausstellung« in Liegnitz 1927, der den bis heute unerledigten Gedanken des finanziell erschwinglichen, städtischen Flachbaus aus der Vorstellungswelt der früheren Jahrzehnte befreite.

»Der Ring«, voran sein Sekretär Hugo Häring, gewann in Berlin den Kampf für ein »Neues Bauen«, Martin Wagner wurde Stadtbaurat. Und Martin Wagner ist es zu danken, daß Scharoun auch an städtebaulichen Projekten und Wettbewerben in Berlin beteiligt und dieser Stadt dann schließlich – bis heute – gewonnen wurde.

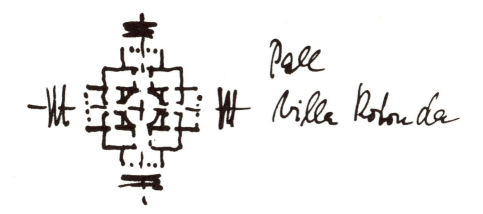

IV

1929, 1930, 1931 baute Scharoun in Berlin am Hohenzollerndamm, Kaiserdamm und am Flinsberger Platz Appartementhäuser. Das waren Versuche, auf teuren Grundstücken und nur mit Privatkapital Wohnungen zu bauen, die mit den in Stuttgart und in Breslau bereits verwirklichten »offenen Grundrissen« im Einklang standen. 1929 entwarf Scharoun den Lageplan einer Stadtteilerweiterung am Spreeunterlauf in Berlin-Siemensstadt. Diese »Großsiedlung« wurde mit öffentlichen Geldern finanziert.

Den Terminus »Groß…« einmal beiseite, wenn man das Wohnen als die entscheidende Qualität sieht, gehört der Unterschied zwischen »sozialem« und »privatem« Wohnungsbau seit Siemensstadt zu den veralteten Vorstellungen. Das neue Verhältnis zwischen Mensch und Raum ruft eine neue Verhaltensweise der Menschen hervor, und bei einem neuen Bauen, das diese Problematik primär betrifft, interessiert nicht mehr die »Kostümierung«, die Fassade.

Scharoun war schon als Schüler der (so formulierten) Meinung, einem selbständigen Architekten sollte es nicht um »Sensationen« sondern um »Reflexionen« gehen.

Die soziale Differenzierung als Ausdruck des Lebens sollte nicht in Separierung sondern »im Ensemble« bauliche Auslegung finden, und alle sollten die gleiche Chance vorfinden. Ein solches Konzept beruht auf einem Prinzip, dessen Anwendung nicht nach Belieben zum Teil akzeptiert, zum Teil nach Geschmack verworfen werden kann...

Wenn hier behauptet wurde, Scharouns Leben und Werk seien ein Ganzes, ist offensichtlich auch die Verwirklichung seines neuen Stadtkonzepts ein jahrzehntelanger Prozeß. In Berlin-Siemensstadt erstreckt er sich von den Vorläufern an mittlerweile über 60 Jahre. Scharouns eigene Tätigkeit hier wirkt bereits vier Jahrzehnte, aber die beispielhafte Darstellung des Konzepts ist immer noch nicht abgeschlossen. Überflüssig, die Zeit ab 1933 hier zu beschwören.

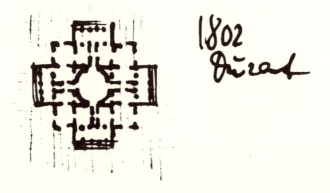

V

Scharouns Konzept enthält prinzipiell den Gedanken eines Raumes der »Mitte«.

»Dieser Gedanke tritt in verschiedener Art und Form auf, mit Innen und Außen verbunden, im Zusammenhang mit öffentlichen Bezirken bis hin in den Bezirk der Familie selbst. Der Raum der Mitte gibt der Familie und auch Freunden Impulse zu gemeinsamem Handeln – ganz gleich, ob den Raum der Zeichentisch, die Hobelbank oder ein Musikinstrument beherrschen.

Daraus ergeben sich sowohl die Gestalt der einzelnen Bauobjekte wie auch die Struktur des Lageplans, die von der gleichen Lage und der gleichen Distanz zu den Nachbarn und schließlich von der gleichen Form des Raumes der Mitte ausgehen...«

Die – wenn auch nur bescheidenen – Wintergärten der Wohnungen in Siemensstadt verbinden den Wohnraum mit den Freiräumen zwischen den Wohnzeilen. Sie fließen aus diesen Distanzräumen in den zentralen Grünraum mit seinen Kinderspielplätzen und der hier gebauten ersten Flachbauschule in Deutschland.

»Der ›Raum der Mitte‹ war hier auf das lebendigste durch den Gartenarchitekten Leberecht Migge ausgestattet und wohnlich gemacht. Leider sind seine Nutzbarkeit und sein Charme unter den verschiedenen Regimen inzwischen fast verlorengegangen...«

Schließlich war es 1929 das erste Mal gelungen, die »offene«, städtische Bauweise mit Wohnungen für jedermann zu realisieren. Vorher gab es das ja nur in Villenkolonien. Zusammenhänge des Stadtteils mit dem Stadtganzen werden wir noch erörtern.

VI

Während der Nazizeit konnte Scharoun lediglich einige Einfamilienhäuser bauen, – in Berlin und in der Umgebung Berlins. Trotz einschränkender Baupolizei-Bestimmungen gelangen Scharoun auch damals Grundrisse und Räume als lebendige Wesen von unverwechselbarem Ausdruck: 1932/33 Haus Schminke in Löbau, Sachsen, – reiner Stahlbau und mit der Landschaft auf das vielfältigste verwoben –, erinnert schon an die Leichtigkeit von Flugzeugen. Es scheint in die Landschaft hinauszuschweben.

Wie zwischen 1919/1920 entstanden in den Kriegsjahren bis 1945 Zeichnungen und Aquarelle, – auch aus »Selbsterhaltungstrieb« –, darunter hunderte von Raumkompositionen, die sich in der ersten, fruchtbaren Phase des Neuaufbaus nach dem Krieg auswirkten.

Scharoun beteiligte sich nach 1945 wieder an vielen Wettbewerben. Nun entfalteten sich die Ideen und Raumkompositionen der Skizzen und wurden zu konkreten Bauentwürfen gebändigt, Scharoun sah die große Chance, die zerstörten Städte auf der Grundlage neuer Erkenntnisse unter Beachtung der bitteren Lehre aus der Nazizeit aufzubauen.

Die Vorarbeit aus den Zwanziger Jahren, – etwa von Hugo Häring, Martin Mächler, Martin Wagner, Ludwig Hilberseimer und nicht zuletzt Scharoun selbst –, sollte nun Früchte tragen. Scharoun wurde gleich nach Schluß der Kämpfe in Berlin Leiter der hiesigen städtischen Abteilung für Bau- und Wohnungswesen, also der obersten Baubehörde, rief eine Planungsgruppe zur Fixierung der geistigen Grundlagen ins Leben. Das »Berliner Kollektiv« legte bereits 1946 seinen revolutionären Plan zum Neubau Berlins der Öffentlichkeit im Weißen Saal des Berliner Stadtschlosses vor. Diese Gedanken halten eine fruchtbare Stadtentwicklung bis in ferne Zukunft offen. Und obwohl das Planungskonzept in höchstem Maße praktisch gedacht war, hat eben dieser Plan das theoretische Wissen über Städtebau in bis heute noch nicht ausgeschöpfter Weise erweitert. Uns Studenten gingen über diesem Plan damals die Augen auf.

VII

»… So ging der vom Planungskollektiv Berlin 1946 vorgestellte Plan von den Funktionen aus, von ihrer Verbindung mit den faßbaren und überschaubaren Elementen des Stadtbaus, wie Wohnen, Arbeiten, Verkehr, Versorgungs- und sanitären Einrichtungen und schließlich Erholung und Kultur. Diese Elemente wurden als Teilinhalte des Ganzen einer Stadt erkannt und gestaltet. Sie wurden den Voraussetzungen und Bedingungen der Landschaft, der Wirtschaft etc. eingeordnet und erhielten aus Geographie und Topographie Maß und Bindung für die in ihnen vorgegebenen Tendenzen. Sie wurden unter den Begriff ›Stadtlandschaft‹ gestellt. – In Berlin waren es Havel und Spree und das vom Barnim im Norden und vom Teltow im Süden begleitete Urstromtal. Innerhalb dieser Gegebenheiten sollte die Gestaltung der Einzelbauten solche Zuordnungen und Zusammenhänge schaffen, wie in der Natur Wald, Wiese, Berg und See zu einer schönen Landschaft zusammenwachsen.«

In Planungen für Teilgebiete detaillierte Scharoun diese Gedanken weitgehend, für das Gebiet längs der Havel von Berlin-Spandau bis Berlin-Potsdam 1947, für das Gebiet längs der Spree im Bezirk Berlin-Friedrichshain 1949.

»Erwähnt sei, daß industrielle Symbiosen in der Wirtschaft ebenso bedacht waren wie die Entwicklung der Wirtschaft einerseits bis zur Automation, andererseits bis zum sogenannten Montagebetrieb, welcher seine technischen Einzelteile fertig bezieht und weitgehend Kombinationen von Holz, Metall und Kunststoff zuläßt.«

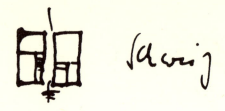

VIII

»Für alle diese Tendenzen und Forderungen war ich als junger Mensch unvermerkt mit einigen Erfahrungen ausgestattet, welche ich zwei Umständen verdanke: Die Stätte meiner Geburt war Bremen (1893), und ich bin in Bremerhaven aufgewachsen...

Für uns Jungen machte die Erfahrung von Ort und Zeit aus Bremerhaven und New York eine Einheit... Es war die ständig erlebte Relation zwischen Wohnung und Arbeit, zwischen Hafen und Stadt – also zwischen Wirtschaftsbau und Lebensbau –, welche Bremerhaven ausmachte, von großer und nachhaltiger Wirkung auf mich...

Jedenfalls konnte ich auf einige Beobachtungen und Erfahrungen zurückgreifen, als ich nach kurzem Studium in Berlin –, dann kam der Krieg dazwischen –, schon früh an die praktische Arbeit kam... Etwa 1917 begann für mich die Zeit der großen und fördernden Freundschaften – mit Bruno Taut, Hugo Häring, Gropius, Bartning, Mies van der Rohe und vielen anderen. Diskussionen um Begriffe wie das ›Neue Bauen‹ und ›Organisches Bauen‹ standen im Raum und schlugen sich in zahlreichen Manifesten und Skizzen nieder...«

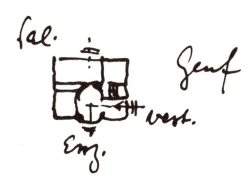

IX

Über Zusammenhänge des Berliner City-Bandes äußerte sich Scharoun erneut 1958 im Wettbewerb Hauptstadt Berlin. Er erhielt zusammen mit Wils Ebert einen Zweiten Preis. »Architects Year Book 9« nannte diesen Entwurf in Bezug zum gesamten modernen Städtebau »den ersten ernst zu nehmenden Ausdruck einer neuen Gestalt der City«.

Genannt seien hier noch wichtige Wettbewerbsbeteiligungen zum Neuaufbau von zentralen Orten in den deutschen Städten oder auch von zusammenhängenden Bereichen, exemplarisch für die bauliche Weiterentwicklung:

Liederhalle Stuttgart (1949), Volksschule Darmstadt (1951), Amerika-Gedenkbibliothek Berlin (1951), Staatstheater Kassel (1952), Altersheim Berlin-Tiergarten (1952), Nationaltheater Mannheim (1953), Stadttheater Gelsenkirchen (1954), Stadtentwicklungskonzept für Marl in Westfalen (1955), Großmarkthalle Hamburg-Hammerbrook (1955), Bürgerweide Bremen (1956), Rathaus Marl in Westfalen (1958), Reeperbahn-Millerntor »Der fröhliche Bierberg« Hamburg (1959), Dom-Römerberg-Bereich Frankfurt am Main (1963), Stadthalle Pforzheim (1964), Stadttheater Wolfsburg (1965), von den hier genannten als einziges Projekt realisiert.

Alle diese Entwürfe sind prinzipielle Auseinandersetzung mit dem Wesen der gegebenen, besonderen Aufgabe – nicht im landläufigen Sinn »moderne Architektur«.

»Was ist modern? Zunächst einmal das Synonym von zeitgenössisch (auf den Menschen bezogen) oder von zeitnahe (auf die Zeit bezogen). Dem ›Modernen‹ ist aber auch ›Ewiges‹ beigesellt, aber nur dann, wenn das Verhalten gemeint ist und nicht schon das Produkt, die Gestalt.

In der Moderne ist also gleichzeitig Tradition angesprochen, wieder im Sinne des Lebendigen ... Einmal ist mehr das Statische, ein anderes Mal das Dynamische besonderes Kennzeichen einer geistigen Landschaft. Diese Vielfalt dient dem Sinn aller Entwicklung. Nur die Vielfalt vermag die Kräfte zu potenzieren, aus der Polarität heraus zu steigern.«

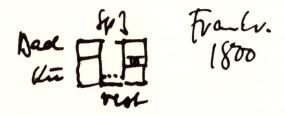

X

Viele Nachkriegsplanungen blieben zunächst auf dem Papier. Dazu »Architects Year Book 9«:

»Nach dem ersten Weltkrieg dauerte es sieben Jahre, bis Martin Wagner die Stadtplanungsbefugnisse bekam und weitere acht, bis andersartige Politik ihm die Gelegenheit zur Weiterarbeit nahm. Nach dem zweiten Weltkrieg wurde unverzüglich Scharoun berufen, und es dauerte nur zwei Jahre, bis die Politiker ihn gestürzt hatten. Die Gründe waren die gleichen, – nur die Ereignisse fanden in ein wenig schnellerer Folge statt.«

Diesem Urteil ist einiges hinzuzufügen, denn machtpolitische Grenzen mögen einer heute offensichtlichen Entwicklung jeweils gefolgt sein; die Ursachen der Entwicklung, das Verhalten der Menschen, machte an Grenzen nicht halt. Von der Idee zur Ideologie, von der Ideologiekritik bis zur Diffamierung der Idee, – dies ist wohl internationale Tendenz. Die Gründe liegen tiefer.

»Die flächenhafte Struktur und die Umweltbeziehungen der Stadt gemäß der Entwicklung neuer Ordnungsprinzipien führten zu einer betont technisch-wissenschaftlichen Behandlung der Probleme mit vielen bereits sichtbar gewordenen Zeichen der Erstarrung. Das Bild wird ein ›additives‹ und nicht ein ›die Kräfte potenzierendes‹.

Hintergründig handelt es sich um die Entwicklung des politischen Menschen (zoon politikon) im Zusammenhang mit der politischen Gestalt der Bauwerke und der Strukturen.

Ein Weg dazu schien mir das ›Schichtweise der Flächen‹ statt des ›Nebeneinanders‹, – so, daß die verschiedenen Ebenen einander überschneiden oder, ihrer Bedeutung entsprechend, sich punktweise isolieren. Sie bilden imaginäre Räume des Geistigen. Denn der Mensch ist ein freies Wesen. Sein Handeln läuft daher von vornherein nicht ausschließlich nach Gesetzen ab. Wenn auch unter der Voraussetzung der Freiheit des Menschen z. B. ökonomische Gesetze bestehen und für Individuum und Gemeinschaft bestimmend sind.

Freiheit und Bindung, so möchte ich es einmal darstellen, haben entweder mehr mit den geistigen prädestinierten Räumen ›übergeordneter Schichtung‹ bzw. mit den flächenhaften Strukturen der Realität zu tun.

Auf die Art der Bindung und Verflechtung dieser mehr geistigen oder mehr materiellen Ebenen kommt es bei der Planung – bei der ›Gestalt‹ des politischen Menschen und der Gestalt der Stadt entscheidend an.

Die Struktur der Gesellschaft ist dabei dauernd der Wandlung unterworfen. Gesellschaft und Wesenheit des Menschen sind kein stationäres und sich wiederholendes System. Dies gilt ganz besonders für die mit der wissenschaftlich-industriellen Revolution der letzten Jahrzehnte verbundene Dynamik.

Die einseitige und bedeutende Entwicklung des Wissens und vor allem der Umstand, daß wir das künftige Wachstum unseres Wissens nicht vorhersagen können, erschweren das Streben nach einer Harmonisierung des Rationalen und Irrationalen, – ja geben dem rationalen Trend unserer Zeit gefährliche Chancen.

Es erhebt sich die Frage, ob auf der Basis ›Mensch‹ oder auf der Basis ›Begriff‹ in Zukunft die Entscheidungen gefällt werden... Ob das Typische zur Prägung individueller Städte führen wird; ob der Einzelne oder die Gruppe gliedernd am Werke bleiben werden; ob diese Kräfte als Medium von Gegebenheiten des Ortes oder der Herkunft oder des Geschehens überhaupt zeitlich bedingte adäquate Lösungen finden werden; –
oder ob verpflichtende Normen die Vorschriften des *Handelns aus Wesenheit* verdrängen werden...«

XI

Scharouns Arbeit demonstriert immer wieder, wie ein Bauwerk aus dem Wesen der Landschaft und aus sozialer Verpflichtung konzipiert werden kann. Seine Schulbauten und -Projekte lassen diesen Ausgangspunkt bildhaft erkennen, – und Schulen sind für alle Bürger obligatorisch, – im Gegensatz etwa zum Theater oder zu Kunstausstellungen. So, wie der Lehrplan der Entwicklung des Kindes entspricht, fördert auch der Schulraum diese Entwicklung und muß ihr entsprechen. »Neutralen« Raum gibt es nicht. Raum bezieht sich immer auf etwas und auf jeden, der ihn betritt. Bei Kant heißt es »Raum ist Bewußtseinsform«. Dieser Satz stand über Scharouns Entwurf zur Volksschule Darmstadt 1951.

Vom unbewußten Spiel über den Bezug zur Geometrie bis hin zum bewußten Bezug des Menschen zu einer vertrauten Welt reicht auch sein geschichtlicher Weg, den das heranwachsende Kind auf natürliche Weise lernend nachspielt. Den drei Entwicklungsphasen entsprechen drei Raumgruppen. Alle Schularten sollten diese drei Raumgruppen enthalten oder umfassen. Der Lehrplan entspricht schon dem Wesen jeder Schule oder Schulart. Er modifiziert also die Proportionen der Gruppen nach Größenordnung, Eigenart und Zuordnung zueinander und zum Leben der Stadt.

Unter diesen Voraussetzungen verlangt also die Pädagogik zur Förderung ihrer Ziele Schulbauten als »Individualitäten« – und nicht als »Typenentwurf«. Unter den Schulen, die Scharoun in den letzten eineinhalb Jahrzehnten entworfen hat, wird hier besonders auf die Volksschule Darmstadt, das Geschwister-Scholl-Gymnasium in Lünen und die Volksschule in Marl aufmerksam gemacht. Die beiden Schulen in Westfalen wurden gebaut, Lünen 1962, Marl 1967 teilweise fertig, teilweise noch im Bau.

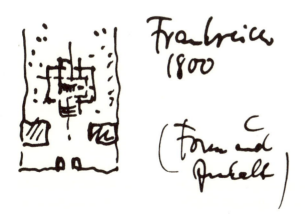

XII

Abgesehen von zahlreichen Mitarbeitern, die Scharoun im Laufe der Jahrzehnte begegneten und in seinen Büros tätig waren, haben hunderte von Studenten an der Breslauer Akademie (bis 1932), am Institut für Bauwesen an der Deutschen Akademie der Wissenschaften Berlin (bis 1950) und an der Technischen Universität Berlin (bis 1960), – zu deren Neugründern Scharoun 1946 zählt –, Scharouns Vorlesungen gehört und sich an seinen Seminaren beteiligt. Heinrich Lauterbach, mit dem Scharoun in Breslau in seinen Vorlesungen abwechselte, vermittelte einen Eindruck davon, wie – besonders nach Endells Vorarbeit – Scharoun die Breslauer Werkstätten im Sinne einer Kooperation von mehreren Studenten an einer gemeinsamen Arbeit geführt hat. Und Lauterbach wies auch darauf hin, daß dies, von Endell eingeführte Arbeits- und Lehrprinzip in Breslau bereits vor der Gründung des Bauhauses fruchtbar war. (Die berühmte Bauhaustreppe von Oskar Schlemmer wurde in Breslau gemalt).

Aus eigener Anschauung kenne ich die Arbeitsweise und Lehrmethode Scharouns an seinem Institut für Städtebau an der Technischen Universität Berlin nach dem zweiten Weltkrieg. Außer in den Vorlesungen, die Scharoun hier einmal wöchentlich ein Jahrzehnt hindurch hielt, – jede einzelne war speziell für diesen Zweck neu ausgearbeitet, zum Teil in Gruppenarbeit unter Scharoun vorbereitet worden, – leitete Scharoun einmal wöchentlich ein Kolloquium von 20 bis 30 Studenten, das sich meist bis in die Abendstunden hinzog (von einzelnen Gruppen mitunter als Stehkonvent – etwa auch vor dem Bahnhof Zoo im Herzen der Stadt – bis nach Mitternacht ausgedehnt...).

In dieser auf so fruchtbare Weise armen Nachkriegszeit gab es auch für die Studenten keine Konsumverführung. (Scharoun sorgte allerdings immer dafür, daß Zigaretten da waren. Er raucht Zigarren). In vielen städtebaulichen Kolloquien skizzierte Scharoun zur Erläuterung aller Themen, auch der philosophischen, stets die der Vorstellung entsprechenden Bilder. Es müssen im Laufe der Jahre tausende von Skizzen gewesen sein, die anschließend in den Papierkorb wanderten – und vielleicht in die Köpfe der Studenten.

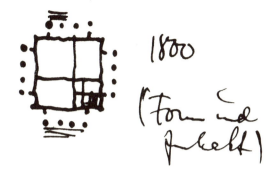

Das wird sich in den nächsten Jahrzehnten zeigen. (In Originalgröße hier wie Vignetten gedruckt 14 Freihandskizzen von Scharoun mit dem Füllfederhalter gezeichnet als Reproduktionsvorlagen zur Herstellung von Dias für Vorlesungen).

Jedenfalls waren diese Kolloquien in gleichem Maße auf das Bild wie auf das Wort bezogen. Häufig nahmen Gäste teil wie u. a. Martin Mächler, Hugo Häring, Friedrich Ahlers-Hestermann, städtische Verwaltungsbeamte aus den Bauämtern waren eingeladen, die berühmten kanadischen Farbzeichenfilme haben wir dort – noch ganz frisch – zuerst gesehen…

Scharoun pflegte und pflegt an all den (genannten und ungenannten) Institutionen mit Älteren, Jüngeren, ganz Alten und ganz Jungen stets das, was er »Wirken in Freundschaft« nennt. Bei der Mitarbeit an diesen Institutionen setzt sich Scharoun für das gemeinsame Erarbeiten einer Imagination von »Lebensvorgängen« ein und dafür, diese in der Öffentlichkeit bewußt zu machen. Es geht Scharoun als schöpferischem Architekten also auch hier darum, Vorgängen Raum zu schaffen, – eine wesentliche Aufgabe des »Neuen Bauens« überhaupt…

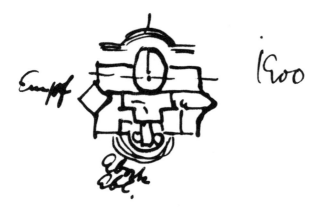

XIII

Im Anschluß an den Stadtteil Siemensstadt (im Nordwesten Berlins) bot sich 1955 durch Initiative des damaligen Leiters der GSW (eine Wohnungsbaugesellschaft) Walther Großmann, die Gelegenheit zur Weiterführung des Stadtkonzeptes, das inzwischen durch Scharouns Arbeit für Berlin-Friedrichshain (1947–1949) auf alle Wohnformen in konkreten (Bau-)Entwürfen Bezug genommen hatte. Nach einer von Scharoun und seinem Universitätsinstitut betriebenen systematischen Analyse der Berliner Familien- und Arbeitsstättenstruktur und ihrer zu erwartenden Entwicklung, die der Autor dieser Zeilen gemeinsam mit Alfred Schinz bearbeitet und 1958 fragmentarisch veröffentlicht hatte, entwarf Scharoun als Ausdruck einer repräsentativen Einheit, die alle Elemente einer Weltstadt umfaßt, sogenannte »Wohngehöfte«.

Hier sollten Hoch- und Flachbau in einer sinnvollen Schichtung die biologischen und sozialen Aspekte der Familie mit der größeren Stadtgemeinschaft in ein exemplarisches Verhältnis bringen, die Bandstadtansätze von 1900 und dann von 1930 deutlich ausgeformt werden mit einer Erschließungsweise, die auf die differenzierten Verkehrsarten mit einem differenzierten Straßen- und Wegenetz antwortete.

Der Plan enthielt Vorschläge zur Humanisierung der Schnellverkehrswege, zur Durchdringung von Erholungsparklandschaft,

Wohngebiet und Arbeitsgebiet. Was gebaut wurde, bleibt demgegenüber fragmentarisch, aber es besteht kein Zweifel, daß der Gedanke selbst hier seine Bewährungsprobe inzwischen bestanden hat.

(Band 10 der »Schriftenreihe der Akademie der Künste« benutzt auf S. 249 in diesem Zusammenhang den völlig unzutreffenden Begriff »Idealplan«, der – falls die Diskussion nicht im Begriff stecken bleiben sollte, wie am Beispiel des »Flächennutzungsplanes« inzwischen weithin absehbar wird – wegen seiner Beachtung und Zugrundelegung der tatsächlich gegebenen Verhältnisse eher »Realplan« hätte heißen können. Ausführliche Erläuterungen in: Karl Wilhelm Schmitt, »Mehrgeschossiger Wohnbau/Multi-Storey-Housing«, 1964, S. 204f., und in: Alfred Schinz, »Berlin, Stadtschicksal und Städtebau«, Braunschweig 1964, S. 115f. Scharoun wollte – wie schon Martin Mächler – einen »Kräftewirkplan«.)

Noch differenzierter als die mit beschränkten finanziellen Mitteln und unter Zeitdruck gebauten Wohngehöfte erscheinen die Wohnhochhäuser »Romeo und Julia«, »Salute« und eine Wohnhausgruppe in der Nähe Stuttgarts (1955 bis 1967). Besonders die Ateliers auf den Dachplatten der Hochhäuser geben ein Bild der Vielfalt, von der Scharoun stets spricht, – Ausdruck der Individualität jeder Wohnung, – vermitteln die Vorstellung eines sozialen Zusammenhangs, das »Miteinanderwohnen«.

(Hierzu meine Veröffentlichung aus Bauwelt 1957, Seite 1123, – von Pfankuch in »Schriftenreihe der Akademie der Künste Band 10« nachgedruckt und an dieser Stelle zusätzlich wiedergegeben zur Erläuterung des bis heute trotz vieler Entwürfe nicht realisierten innerstädtischen Flachbaus von Scharoun:

An exponierter Stelle in der nördlichen Flachbaugruppe des Interbauteils im Hansaviertel – in Berlin-Tiergarten – gelegen, demonstrieren drei – ursprünglich waren es fünf – Einfamilienhäuser jene Idee des neuen Wohnens, die von Scharoun vertreten wird.

Die Wohneinheit ist Wiederholung der Stadteinheit in anderem Maßstab. Die Grundriß- und Aufrißdisposition ermöglichen das Zusammenleben aller Bewohner dieser Hausgruppe, ohne daß dabei ein Zwang auferlegt wäre. Bei der Einbindung in die Landschaft wird berücksichtigt, daß in Berlin schon eine Höhendifferenz von wenigen Metern ins Gewicht fällt. Das Ansteigen des Geländes vom Teich im Englischen Garten her wird somit zu einem Gestaltungselement; die verschieden hoch gelegenen Freiplätze und Wohnterrassen setzen sich auch im Innern der Gebäude in unterschiedlichen Höhen fort.

Wird die Plastik der Landschaft gewissermaßen zum Haus verdichtet, so muß die Qualität des Lichtes, das uns Plastik erst optisch erlebbar macht, in den Entwurf mit einbezogen werden. Licht ist hier mit dem Wohnvorgang selbst komplexhaft verbunden, da eine bewußte Verwendung der natürlichen Lichtqualitäten (West- und Ostlicht, Sonnenlicht und Himmelslicht) ein den einzelnen Wohnelementen angemessenes Lichtklima erzeugt. Auch in Hinsicht auf die Qualität des natürlichen Lichtes soll das Gehäuse eine Verdichtung der landschaftlichen Gegebenheiten sein. Erst dadurch wird Landschaft ständig bewohnbar...)

Für einen Regenerationsprozeß von Stadtlandschaften hat Scharoun mit diesen Bauten Maßstäbe auch für Laien gesetzt. Für den Fall einer weiteren Demokratisierung des Bauens wird dieses Anschauungsmaterial wohl noch mehr Bedeutung gewinnen.

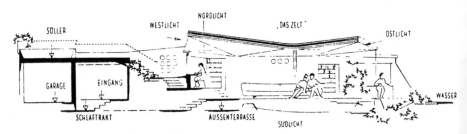

XIV

Neben der inzwischen weltbekannten Philharmonie in Berlin entsteht ab 1967 die Staatsbibliothek (Wettbewerbsentwurf 1964); – vermittelndes Element auch zur Stüler-Kirche (Matthäuskirche),... und zu der von Mies van der Rohe entworfenen Galerie des Zwanzigsten Jahrhunderts (Nationalgalerie) ist Scharouns Entwurf für ein Gästehaus mit Ateliers, kleinen Kunsthandlungen, Boutiquen, Cafés, über dessen Bau noch nicht entschieden ist...

Daneben Kammermusiksaal und Philharmonie:
»Musik im Mittelpunkt – auch räumlich und optisch –, das ist der Leitgedanke, aus dem sich ihre Gestalt ergibt. Der Saal bewahrt seine Priorität bei dem gesamten Bauwerk. Er bestimmt den Grundklang der äußeren Gestalt, aus seiner Form ergibt sich das Zeltartige, das den akustisch bedingten Deckenabschluß des Saales auch nach außen in Erscheinung treten läßt. Hinzu kommt die räumliche Dynamik, die in den Sitzgruppen ihren Ausdruck findet. Diese Dynamik bestimmt auch die Gestaltung der Nebenräume, in denen sich die jeweiligen Funktionen frei entfalten. Auch sie stehen in einer spannungsreichen Beziehung zum Mittelpunkt des Ganzen, zum Konzertsaal.«

XV

In diesem Zentrum für Kunst und Wissenschaft am Landwehrkanal war der städtebautechnische (also auch der Straßen-)Plan von den *zeitgenössischen* Behörden festgelegt. Einen der drei markanten Plätze aus Berlins *historischem* Städtebau hatte Scharoun im Wettbewerb Hauptstadt Berlin 1958 und außerdem in einem Wettbewerb nur um diesen heutigen Mehringplatz selbst mit neuen Inhalten versehen und einen entsprechenden Wiederaufbau vorgeschlagen.

Berlins Bausenator Schwedler setzte sich daraufhin für eine Realisierung als »Zeitmarke der geschichtlichen Entwicklung« ein. Das Projekt wird nunmehr (teilweise) verwirklicht. Der Platz erhält – nach Scharouns Vorschlag – die Bedeutung eines Foyers der Stadt, als ein Raum für das Vergnügen der Anwohner, – ein Raum der Muße.

Foyer als Raum der Muße wird auch bei einem neuen Theaterprojekt für Wolfsburg entstehen, das Scharoun – wieder nach gewonnenem Wettbewerb – bauen soll. Und Raum der Muße wird am Viktoria-Luise-Platz in einem wiederaufgebauten Viertel Berlins mit Scharouns Kirchenbau in Verbindung stehen, dessen Verwirklichung dort demnächst beginnen soll.

Diese Räume der Muße stehen in allen drei Fällen mit der neuen Ordnung von Autoverkehrswegen in Zusammenhang, haben also etwas mit »Neubau der Stadt in der Stadt« gemeinsam. Der Raum der Muße steht jeweils in Relation zu Bauwerken bestimmten Inhalts.

»...Denn der Raum der Muße muß von jener Aussagekraft und Sinnsetzung erfüllt sein, die dem Begriff Muße innewohnen. Wir meinen also nicht Müßiggang, sondern freie Muße, schöpferische Muße. ›Freizeitgestaltung‹ würde jedes Konzept einer lebendigen Lösung verderben...«

Zu den neueren Entwürfen, deren Bau bevorsteht, zählt schließlich die Deutsche Botschaft in Brasilia. Das könnte man als Fortführung einer guten Tradition der Moderne deuten, der es auch einmal darum ging, die verschiedenen internationalen Stimmen der »l'architecture moderne« *und* des »Neuen Bauens« in Gegenüberstellung zu Wort kommen zu lassen (zum Beispiel wie in der Weißenhofsiedlung in Stuttgart 1927). Scharoun hat die Toleranz gegenüber anderen Architekten übrigens immer gezeigt.

»Die technische Denkweise verwandelt das menschliche Zusammenleben zu einem erheblichen Teil in eine manipulierbare Sache. Das Problem von Freiheit und Planung hat nicht nur im ›Fertigbau‹ seinen Ausgang. Denn so sehr Planung in vielen Bereichen notwendig ist, alles über einen Kamm planen würde wohl heißen, das Menschliche, die Freiheit definitiv zu zerstören...«

Eine besondere Verpflichtung ist gerade deshalb immer wieder die Forderung Scharouns:

»Der Architekt sollte sich nicht nur mit der Praxis sondern auch mit der Theorie auseinandersetzen. Er ist heute – bei der komplizierten und kaum überschaubaren Materie und in einer Welt des Umbruchs der Werte – auf Vorleistungen und Hilfe von Wissenschaft und Technik ebenso angewiesen, wie auf alle, für die ihre Umwelt nicht Ware ist, sondern das Leben selbst.«

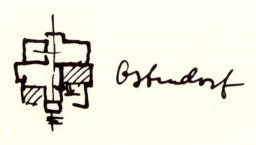

Meine Damen und Herren,

hier endet die angekündigte Ansprache und könnte meine Rede enden, die bereits 1967 gegen ein – noch dazu dissonantes – Streichorchester vorgetragen wurde, und wirklich ungehört blieb. Robert Musils Essay von 1937 »Über die Dummheit«, auf Einladung des Österreichischen Werkbundes gehalten, folgte dem bereits 1922 über »Das hilflose Europa« gesagten: »Wir haben den laufenden Tag eingeholt«.

Europäische Beispiele? Vor 106 Jahren wurde nach einer Bauzeit von 632 Jahren der Kölner Dom fertig. Zur gleichen Zeit begann in Barcelona der Bau der Sagrada Familia, von Antonio Gaudi danach weitergeführt und heute noch immer Baustelle, – Gaudi starb bekanntlich 1926.

»Die Welt ist noch nicht ganz fertig«, ein Satz Hugo Härings, der sich auch in dem Abstand bestätigt, um den uns allen Scharoun noch immer voraus bleibt, – besonders auffallend der Abstand (und man könnte ihn auch die geistige Distanz nennen), der einem flüchtigen »Stadtjubiläum« zuliebe hier am Landwehrkanal allen Warnungen zum Trotz zunächst mithilfe von Stangen und Bändern neben Philharmonie und Kammermusiksaal und zwischen Staatsbibliothek und Nationalgalerie als Bloßstellung der Kirche selbst den Müßiggang im Wortsinn in den Mittelpunkt der neuen Stadt stellt.

Am 30. Januar 1983 fragte Bodo Fleischer als Vorsitzender des Architekten- und Ingenieur-Vereins zu Berlin, dem schon Stülers Lehrer Schinkel angehörte, zur Eröffnung der AIV-Ausstellung in der Philharmonie:

»Kann sich die Stadt einen Skandal um das Kulturforum nach allem bisherigen leisten? Es liegt heute hier an diesem Ort nahe, auf den 30. Januar 1933 hinzuweisen.

Viele der Anwesenden können sich noch unmittelbar an die ›machtergreifenden‹ Kolonnen, die drüben in West-Ost-Richtung durch das Brandenburger Tor marschiert sind, erinnern.

Wäre dieser Marsch des Faschismus in Deutschland nicht aufgehalten worden, würden hier die machtvollen, einschüchternden Bauten an der Nord-Süd-Achse von Speer stehen, dessen Pläne seit einiger Zeit wieder gehandelt werden.

Anfänge des runden ›Platzes des Tourismus‹ standen nach dem Krieg noch als Bauruine. An Seine Stelle ist der Bau der Staatsbibliothek getreten. Vielleicht wird eine spätere Zeit diese Tatsache höher bewerten, als dies zu tun Zeitgenossen heute bereit sind. Ich meine, mit der Idee des Kultur-Forums ist ein Stück Geschichte der Demokratie sichtbar geworden...«

Östlich der Philharmonie waren Einrichtungen vorgesehen, die durch entsprechenden Ansatz an der nördlichen Foyerüberdachung der Philharmonie von Anfang an angedeutet waren. Sie sind heute auf der Grundlage von Scharouns Plänen als Musikinstrumentenmuseum gebaut.

Entsprechend maßstäblich angegliedert sollten westlich der Philharmonie und als westlicher Abschluß der Piazza, die Scharoun nach der Standortentscheidung für diesen Platz 1960 zwischen Matthäuskirche, Philharmonie und Kammermusiksaal entworfen hatte, Museen der Stiftung Preußischer Kulturbesitz von anderer Seite entworfen werden.

In dem dafür veranstalteten Wettbewerb war Scharoun einer der Preisrichter. Es gab zwei gleichrangige Preise. Beide kamen nicht zur Ausführung. Der im Bau befindliche Museumskomplex von Gutbrod greift die Piazza von Scharoun in der Nähe der Matthäuskirche auf, – westlich anschließend geht sie nach den bereits im Rohbau vorhandenen Konzepten Gutbrods über in eine weitere, schräg ansteigende Platzebene, deren Westrand (fünf Meter über dem Piazza-Niveau) Konsequenzen auf die Ausbildung des Kammermusiksaalbaus erforderte.

Im vorausgegangenen Wettbewerb für die Einbindung der Staatsbibliothek erhielt Scharoun den Preis besonders auch für das Gästehaus als östlichen Abschluß der Piazza im Zusammenhang mit der Kirche und weiteren Folgeeinrichtungen aller Institutionen – zur Definition der Mitte der Gesamtanlage. Der innere Zusammenhang dieses Terrassenhauses war flexibel gedacht, um Nutzungsänderungen ohne Störung des Ganzen zu realisieren.

Der Verfasser hatte die Ehre, 1964 die erste Veröffentlichung der Berliner Philharmonie von Hans Scharoun zu betreuen. Die Einleitung schloß mit meiner Kritik, 1963 geschrieben und hier als Aufforderung an Politiker und Ingenieure (als Erfinder) wiederholt:

»Es gibt leichtere Baustoffe als Stahlbeton, Baustoffe, die mehr den Arbeitsmethoden der Industrie als denen des Handwerks entsprechen. Zu ihrer Anwendung sind jedoch Voraussetzungen zu schaffen, die heute weder an den Technischen Hochschulen beachtet werden, noch der derzeitigen Struktur des Baugewerbes entsprechen; und die ein Verfahren der Etatplanung erfordern, das dem derzeitigen Finanzierungsverfahren nicht sehr ähnlich sein dürfte. Was auf den genannten Gebieten noch zu tun bleibt, mag jeder bedenken, der weiß, daß es ohne Beispiele nicht weitergehen wird.«

Wie in der Geschichte schon immer, zeigte sich zwischen Matthäuskirche (nicht etwa von Bomben freigesprengt, sondern vom Generalbauinspektor Speer), Staatsbibliothek, Mies van der Rohes Nationalgalerie und Scharouns Philharmonie der Zeitgeist lediglich als der Herren eigener, in dem die Zeiten sich bespiegeln. Es zeigte sich bis heute allerdings kein anderer Grund, in der Nähe der Berliner Mauer von 1961 die Fassaden den Inhalten vorzuziehen.

Über den Autor

Klaus-Jakob Thiele wurde 1925 in Berlin geboren, ist nach Studium (an der Humboldt-Universität und Technischen Universität Berlin) Dipl.-Ing. Architekt (1953) und seither freier Architekt – auch in verschiedenen Arbeitsgemeinschaften, wie (unter Scharoun) am Institut für Städtebau (TU Berlin), wie als Gründungssekretär der Abteilung Baukunst der Akademie der Künste, war beauftragt mit der wissenschaftlichen Präsentation der Internationalen Bauausstellung Berlin (Interbau 1957), arbeitete mit Hubert Hoffmann in der Berliner CIAM-Gruppe (Congrès Internationaux d'Architecture Moderne), in der Redaktion der Fachzeitschrift »Bauwelt« von 1957 bis 1966, ist Mitgründer der Zeitschrift »Stadtbauwelt«, konzipierte Inhalt und Präsentation der Städtebauabteilung im Berlin-Pavillon der Weltausstellung New York 1964/65, bearbeitete Architektur- und städtebauliche Wettbewerbe, Wohnbauten, Inneneinrichtungen, Möbelentwürfe, Gutachten, realisierte einige Stadtplanungsprojekte (Siedlung, Verkehr) und verhinderte einige ... Er veröffentlichte Publikationen zu Architektur und Städtebau in mehreren europäischen Ländern, betreute einige Publikationen und Ausstellungen auch im Architekten- und Ingenieur-Verein zu Berlin, – seit 1979 in den Schinkel-Ausschuß gewählt –, und bereitete einige Schinkel-Wettbewerbe im AIV vor.

© Alexander Verlag Berlin 1986
Satz Nagel Fototype
Druck und Bindung Gerike, Berlin
ISBN 3-923854-29-3
Printed in Germany